AM BESTEN NATÜRLICH

Es gibt unzählige Nahrungsergänzungsmittel mit Superfoods. Am wirkungsvollsten sind sie aber in möglichst natürlicher Form als Lebensmittel. Besonders bei den exotischen Superfoods, die oft aus Asien oder Südamerika kommen, sollten Sie auf gute Qualität achten und im Hinblick auf mögliche Rückstände Bioware bevorzugen. Die hat ihren Preis, der so manchen zusammenzucken lässt. Bedenken Sie auch, dass besonders von den teuren exotischen Superfoods meist nur geringe Mengen pro Mahlzeit nötig sind. Umgerechnet auf die tägliche Portion relativiert sich so der Preis. Damit die Produkte auch lange frisch und ihre Wirkstoffe erhalten bleiben, getrocknete Früchte, Pulver, Getreide, Nüsse und Samen in gut schließende Behälter füllen und kühl und dunkel aufbewahren. Die frischen Superfoods wie etwa Grünkohl oder Heidelbeeren möglichst erst kurz vor dem Verzehr kaufen und bis zur Verwendung kühl aufbewahren. So werden vor allem sehr empfindliche Vitamine wie Vitamin C oder Folsäure geschont.

SUPER FÜR UNTERWEGS

Abgesehen von den ganzen inneren Werten: Superfoods schmecken einfach auch gut. Und lassen sich nicht nur als Snacks zum Knabbern, sondern mit reisetauglichen Rezepten auch in vollwertigen Gerichten gut mitnehmen – zur Arbeit, zum Picknick oder auf Reisen. So versorgen Sie uns immer und überall auf köstliche Weise mit Nährstoff-Power. Denn ein gutes Essen soll nicht nur satt und zufrieden machen, sondern auch fit. Das gilt ganz besonders für das Mittagessen, das darüber entscheidet, ob wir die zweite Hälfte des Tages voller Schwung und gut gelaunt verbringen wollen. Leider bewirkt das, was in der Regel in Kantinen, beim Imbiss, an Bäckerei-Ständen oder beim Asia-Mit-

tagsbüfett angeboten wird, oft genau das Gegenteil. Das Essen ist zu üppig, liefert viel zu viel vom falschen und zu wenig vom guten Fett, wird mit unnötigen Zusatzstoffen und viel Zucker aufgepeppt und enthält fast immer zu wenig Frisches wie Gemüse oder Obst. Dadurch macht es müde und träge und sorgt auf Dauer nicht selten für Extrapfunde. Die Lösung: Nehmen Sie sich Ihr Mittagessen einfach von zu Hause mit. Mit einer guten Planung (siehe S. 7) hält sich der Arbeitsaufwand in Grenzen und Sie profitieren gleich in dreifacher Hinsicht: So können Sie ganz nach Geschmack jede Menge Gesundes im Essen unterbringen, Energie nach Maß tanken und sich Bissen für Bissen etwas Gutes tun. Und noch ein weiteres Plus: Selbstgekochtes ist – selbst wenn teure Superfoods verwendet werden – meist sogar preiswerter, als jeden Tag außer Haus zu essen.

DIE PERFEKTE LUNCHBOX

Der Inhalt ist so lecker, dass alle Kollegen neidisch werden, und so gesund, dass Sie bis zum Feierabend topfit sind – mit diesen Tipps ist das Füllen der Box kein Problem.

FITMACHER-MIX

Die ideale Basis für einen ausgewogenen Lunch sind langsam verdauliche Kohlenhydrate aus Gemüse, Vollkorngetreide und Hülsenfrüchten. Die halten den Blutzuckerspiegel in Balance und sättigen lange. Mit vielen B-Vitaminen stärken Vollkornprodukte und Hülsenfrüchte außerdem die Nerven – das hilft, anstrengende Arbeitstage gelassen zu meistern. Gemüse versorgt uns zusätzlich mit Vitalstoffen wie Vitaminen, Mineralien und Bioaktivstoffen. So stärkt es die Abwehrkräfte und liefert alles, was der Körper für einen optimalen Stoffwechsel braucht. Eine Portion nicht zu fettes Eiweiß aus Geflügel, Fisch, Milchprodukten, Eiern, Soja- und Lupinenprodukten oder Hülsenfrüchten unterstützt den Sättigungseffekt, beugt Heißhunger vor und regt den Stoffwechsel an. Eine kleine, aber feine Portion Fett dazu aus Pflanzenölen, Nüssen, Kernen, Avocado oder fettreichem Fisch wie Lachs unterstützt die Gehirnfunktionen.

HOHE NÄHRWERTDICHTE

Als i-Tüpfelchen kommen die Superfoods zu dieser ausgewogenen Mischung dazu. Sie steigern die Nährwertdichte der Speisen. Das heißt, das Essen liefert pro Kalorie noch mehr gesunde Nährstoffe. Zu guter Letzt sollten Sie das Trinken nicht vergessen. Ideal ist Kalorienfreies wie Wasser, Kräuter- oder Früchtetee. Smoothies und Säfte liefern viel Gesundes, aber auch Kalorien. Planen Sie diese deshalb als Frühstück oder Zwischenmahlzeit ein.

DAS ESSEN CLEVER VORBEREITEN

Zugegeben, die Lunchbox selbst zu füllen, kostet etwas mehr Zeit als beim Bäcker schnell ein belegtes Brötchen zu kaufen. Aber die Mühe zahlt sich immer aus. Und mit ein bisschen Planung hält sich der Aufwand in der Küche auch in Grenzen. Alle Gerichte in diesem Buch lassen sich gut am Vortag zubereiten, sodass Sie die vorbereiteten Speisen morgens höchstens noch mit kleinen Handgriffen vollenden müssen. Viele Gerichte lassen sich auch gleich in größerer Menge auf Vorrat zubereiten. Echte Profis machen sich am Wochenende einen Lunch-Plan für die nächste Woche und bereiten möglichst viel vor. Auch sehr clever: Suchen Sie sich Kollegen als »Mitesser« und wechseln Sie sich mit dem Zubereiten der Gerichte ab. Das spart Zeit und bringt jede Menge Abwechslung.

SUPERFOODS GUT VERPACKEN

Damit Ihre essbaren Schätze auch sicher und appetitlich da ankommen, wo Sie sie essen möchten, brauchen Sie auch eine geeignete Verpackung. Sandwiches und Co. lassen sich einfach in Frischhalte- oder Alufolie wickeln. Ist der Belag nicht zu saftig, eignet sich auch Butterbrot- oder Backpapier sehr gut – verschnürt mit Küchengarn. Gefrierbeutel sind ideal für Knabbergemüse, Salatblätter, Nüsse, Muffins oder trockene Kuchen.

Von der einfachen Brotbox aus Kunststoff über mehrstöckige Bentoboxen mit Unterteilungen bis hin zu Blech- oder Emailledosen mit schickem Design gibt es für jeden Geschmack und Zweck das Richtige. Auch eine ausgespülte 1-Liter-Eisdose leistet zum Verpacken gute Dienste.

Saubere Schraubgläser eignen sich hervorragend für Salatdressings, Dips, Süßes wie Milchreis, für Salate oder Suppen. Je weiter die Öffnung, desto leichter lässt sich das Glas mit Essen befüllen.

In Thermoskannen oder auch Thermosbechern bleiben Suppen, Saucen oder Smoothies lange warm oder auch kalt. Ideal für warme Gerichte ist ein ein- oder mehrstöckiger Thermosbehälter.

An den meisten Arbeitsplätzen gibt es Essbesteck. Was aber oft fehlt, ist ein scharfes Messer, mit dem sich beispielsweise mitgebrachtes Gemüse oder Obst klein schneiden lässt. Für Picknicks oder auf Reisen sind ein umweltfreundliches Einmalbesteck und ein Taschenmesser sehr nützliche Begleiter.

AUF DIE HAND

Egal, ob aufgepeppte Mitnehm-Klassiker wie Sandwiches oder Neues wie Quinoa-Sushi – sie lassen sich gut ohne Besteck essen. Das ist nicht nur für die Mittagspause prima, sondern auch für ein Picknick oder als Reiseproviant geeignet. So bekommen Sie immer und überall volle Nährstoffpower und viel Genuss.

LINSEN-FALAFEL IM PITABROT

Diese neue »It-Tasche« überzeugt mit Ballaststoffen und Pflanzeneiweiß aus Hülsenfrüchten und Chiasamen. Joghurtsauce und Grillgemüse machen's schön saftig.

Für Falafel und Sauce:
1 TL Chiasamen
65 g braune Linsen
(aus der Dose)
2 Stiele Koriandergrün
½ Bio-Zitrone
2 EL Joghurt
1 EL helles Tahin (Sesampaste)
Salz | Pfeffer
1 EL Vollkorn-Semmelbrösel
25 g Magerquark
3 Msp. gemahlener Kreuz-
kümmel
1 EL Rapsöl
Außerdem:
140 g eingelegtes Grillgemüse
(aus dem Glas, z. B. Paprika,
Zucchini, Zwiebel oder
gemischte Antipasti)
1 Vollkorn-Pitatasche

Veggie-Sattmacher 🌿

Für 1 Person |
45 Min. Zubereitung
Pro Portion ca. 480 kcal,
14 g EW, 24 g F, 49 g KH

1 Die Chiasamen in 2 EL Wasser ca. 15 Min. quellen lassen. Inzwischen die Linsen abgießen, abbrausen und abtropfen lassen. Koriandergrün waschen, trocken schütteln und die Blättchen abzupfen. Die Zitrone waschen und trocken reiben, die Hälfte der Schale abreiben. Für die Sauce Joghurt mit Tahin glatt rühren. Mit 1 großzügigen Spritzer Zitronensaft, Salz und Pfeffer würzen. In eine gut schließende Dose oder ein Glas füllen und kalt stellen.

2 Die Linsen mit gequollenen Chiasamen, Korianderblättchen, Semmelbröseln, Quark, Kreuzkümmel, Zitronenschale, etwas Salz und Pfeffer zu einer glatten Masse pürieren. Aus der Masse 2 – 3 kleine Bratlinge formen. Dazu je ca. 2 EL von der Masse zu flachen Talern formen. Das Öl in einer beschichteten Pfanne erhitzen. Die Bratlinge darin pro Seite 10 – 12 Min. braten, zuerst bei mittlerer Hitze, dann bei kleiner Hitze. Die Falafel abkühlen lassen und in einer Lunchbox kalt stellen.

3 Das Grillgemüse abtropfen lassen. Falafel, Sauce, Gemüse und Brot getrennt verpackt mitnehmen. Nach Belieben und Möglichkeit das Brot vor dem Servieren toasten und die Falafel in der Mikrowelle bei 600 Watt ca. 1 Min. erwärmen. Brot aufschneiden, mit Falafel und Gemüse füllen. Etwas Sauce darüberträufeln und den Rest extra dazu servieren.

TIPP

Bereiten Sie gleich die doppelte Menge Falafel zu. Im Kühlschrank bleiben sie bis zu 3 Tage frisch, im Tiefkühlfach bis zu 3 Monate. Bei Bedarf tiefgekühlte Falafel über Nacht bei Zimmertemperatur auftauen lassen.

LACHS-WRAP MIT OLIVENCREME

100 g Lachsfilet | je ½ Bio-Zitrone und -Orange | 4 Stiele glatte Petersilie | 30 g schwarze Oliven ohne Stein | 1 TL Kapern | 4 Msp. Chlorellapulver (ersatzweise Spirulinapulver) | 1 TL Olivenöl | Salz | Pfeffer | 30 g Babysalat | 1 Vollkorn-Tortilla

Wickelt alle um den Finger

Für 1 Person | 20 Min. Zubereitung
Pro Portion ca. 470 kcal, 23 g EW, 32 g F, 27 g KH

1 Lachs waschen und trocken tupfen. Zitrone und Orange waschen, trocken reiben und je 2 Scheiben abschneiden. Lachs in wenig kochendes Wasser legen und mit Zitrusscheiben belegen. Je nach Dicke zugedeckt ca. 8 Min. dünsten.

2 Inzwischen für die Olivencreme die Petersilie waschen, trocken schütteln und die Blätter abzupfen. Die Oliven mit Kapern, Petersilie, Algenpulver, Öl und je ½ TL Zitronen- und Orangensaft pürieren. Die Creme mit Salz und Pfeffer würzen. Den Salat waschen und trocken schütteln.

3 Lachs aus dem Topf nehmen, Zitrusscheiben entfernen. Die vorbereiteten Zutaten kalt stellen.

4 Etwa 4 – 5 Std. vor dem Servieren die Tortilla in einer Pfanne ohne Fett pro Seite ca. 1 Min. erwärmen, dann herausnehmen. Die Tortilla mit Creme bestreichen und mit Salat belegen. Den Lachs in die Mitte der Tortilla geben, mit einer Gabel etwas zerpflücken und mit Salz und Pfeffer würzen. Dann zuerst die rechte Seite der Tortilla leicht einschlagen (das ergibt den Boden), anschließend die untere Seite nach oben hin fest einrollen. Den Lachs-Wrap zuerst in Frischhaltefolie, dann in Alufolie wickeln. Den Wrap bis zum Servieren höchstens 4 – 5 Std. in den Kühlschrank stellen.

SANDWICH MIT GRÜNKOHLCREME

1 Handvoll Grünkohlblätter (ohne Stiele; ersatzweise 50 g TK-Grünkohl) | 2 Stiele Dill | 25 g in Öl eingelegte getrocknete Tomaten | 50 g Schafskäse (Feta) | 50 g Doppelrahmfrischkäse | Salz | Pfeffer | 2 dünne Scheiben Vollkornbrot | 100 g Kirschtomaten

Reich an Antioxidantien

Für 1 Person | 20 Min. Zubereitung
Pro Portion ca. 515 kcal, 19 g EW, 36 g F, 28 g KH

1 Die Grünkohlblätter waschen, in einen Topf mit wenig kochendem Wasser geben und zugedeckt in 5 – 8 Min. weich dünsten.

2 Inzwischen den Dill waschen, trocken schütteln und die Dillspitzen abzupfen. 1 TL Tomatenöl abnehmen und beiseitestellen und die Tomaten auf Küchenpapier entfetten.

3 Den Kohl herausnehmen, kalt abschrecken und abkühlen lassen, dann grob hacken und ausdrücken, etwas Grünkohl beiseitelegen. Alternativ den TK-Kohl auftauen lassen und ausdrücken. Den Schafskäse mit Frischkäse, Kohl, Dill und Tomatenöl fein pürieren. Den Aufstrich mit wenig Salz und Pfeffer würzen.

4 Das Vollkornbrot nach Belieben kurz toasten. 1 Scheibe mit Aufstrich bestreichen und mit dem übrigen Grünkohl belegen. Die zweite Scheibe darauflegen. Das Sandwich in einer Brotdose oder in Alufolie verpacken und bis zum Servieren kalt stellen. Kirschtomaten waschen und mit den getrockenten Tomaten dazu servieren.

TIPP

Der Aufstrich lässt sich gut auf Vorrat zubereiten und hält sich im Kühlschrank ca. 3 Tage.

QUINOA-SUSHI

Überraschung! Mit Quinoa statt Reis kommen nicht nur ein nussiger Biss, sondern auch mehr Ballaststoffe und Eiweiß in die kleinen Röllchen.

60 g weiße Quinoa
Salz
¼ Avocado
⅓ Salatgurke
1 kleine Möhre
30 g Räucherlachs in Scheiben
1 TL Sesamsamen
1 TL heller Reisweinessig (ersatzweise milder Weißweinessig)
1 Spritzer Agavendicksaft
2 geröstete Nori-Blätter
Außerdem:
Sojasauce (nach Belieben; ersatzweise Tamarisauce, Asialaden)
eingelegter Ingwer (nach Belieben)
Wasabipaste (nach Belieben; Asialaden)

Glutenfrei

Für 1 Person |
35 Min. Zubereitung
Pro Portion ca. 440 kcal,
20 g EW, 21 g F, 43 g KH

1 Quinoa heiß abbrausen und nach Packungsanweisung in Salzwasser garen. Inzwischen das Avocadofruchtfleisch aus der Schale lösen (Bild 1) und in Streifen schneiden. Gurke schälen, längs vierteln und entkernen. Die Gurkenviertel in schmale Streifen schneiden. Die Möhre putzen und schälen, erst längs, dann quer halbieren und in schmale Streifen schneiden. Die Streifen eventuell in der Länge anpassen, sie sollten höchstens so breit wie die Nori-Blätter sein. Den Räucherlachs in Streifen schneiden. Sesamsamen in einer kleinen Pfanne ohne Fett anrösten, dann abkühlen lassen.

2 Den Essig mit Agavendicksaft, etwas Salz und Sesamsamen verrühren. Quinoa in ein Sieb abgießen und leicht abkühlen lassen. Dann die Essigmischung unterrühren.

3 1 Nori-Blatt auf eine Sushi-Rollmatte legen. Erst die Hälfte des Quinoas, dann die Hälfte der vorbereiteten Zutaten darauf verteilen (Bild 2). Mithilfe der Matte alles zu einer festen Rolle zusammenrollen (Bild 3). Nori-Blatt am unteren Ende mit etwas Wasser anfeuchten, sodass die Rolle zusammenklebt. Aus den restlichen Zutaten auf die gleiche Weise eine zweite Rolle formen. Die Rollen kalt stellen und vor dem Mitnehmen mit einem scharfen Messer in je 7 – 8 Stücke schneiden. Die Stücke in einen gut schließenden Behälter verpacken und bis zum Verzehr kalt stellen. Nach Belieben mit Sojasauce, Ingwer und Wasabipaste servieren.

TIPP   Vegan werden die Röllchen, wenn Sie statt Räucherlachs Räuchertofu verwenden.

KNUSPRIGE SUPER-CRACKER

Die Cracker mit ihren sehr vielen Ballaststoffen und gesunden Fetten sind ganz einfach zu machen und halten sich bis zu einem Monat frisch.

3 EL Kürbiskerne
3 EL Leinsamen
3 EL Sonnenblumenkerne
8 EL Sesamsamen
4 EL kernige Haferflocken
80 g Weizenvollkornmehl
90 g Buchweizenmehl
1 TL Weinsteinbackpulver
1½ TL Salz
2 EL Leinöl
Außerdem:
3 EL gemischte Kerne und Samen (z. B. Kürbiskerne, Leinsamen, Sonnenblumenkerne; zum Bestreuen)

Brain-Food für den Vorrat 🌿

Für 18 Stück |
15 Min. Zubereitung |
35 Min. Backen
Pro Stück ca. 100 kcal,
3 g EW, 6 g F, 8 g KH

1 Backofen auf 170° vorheizen. Ein Backblech (ca. 36 × 42 cm) mit Backpapier auslegen. Alle trockenen Zutaten mischen. Öl und 125 ml Wasser dazugeben und alles mit den Knethaken des Handrührgerätes zu einem relativ festen Teig verrühren. Ist der Teig zu fest, noch etwas Wasser dazugeben.

2 Den Teig auf das Backblech geben, mit einem zweiten Bogen Backpapier belegen und auf dem Blech gleichmäßig flach ausrollen. Das obere Backpapier abziehen und den Teig eventuell noch mit den Fingern bis an den Rand drücken. Vor dem Backen die Teigplatte mit einem Messer quer in drei je ca. 12 cm breite Streifen schneiden. Die Teigplatte längs in ca. 6 cm breite Streifen schneiden, sodass 18 ca. 6 × 12 cm große Rechtecke entstehen.

3 Die gemischten Kerne und Samen auf den Teig streuen und etwas andrücken. Cracker im Ofen (Mitte) ca. 35 Min. backen. Die Cracker herausnehmen, kurz auskühlen lassen, dann an den markierten Stellen vorsichtig in 18 Stücke teilen. Die Cracker vollständig auskühlen lassen und in einer Blechdose verpacken.

VARIANTE HUMMUS
Mit Basilikum-Hummus und Paprikastreifen, Möhrensticks oder Gurkentaler wird daraus eine vollwertige Mahlzeit. Für das Hummus 265 g Kichererbsen (aus der Dose) abgießen, abbrausen und abtropfen lassen. Mit 2 EL geschälten Hanfsamen, 2 EL Leinöl, 3 EL Zitronensaft, 2 TL Tahin (Sesampaste), ¼ TL gemahlenem Kreuzkümmel, 2 EL frisch gehacktem Basilikum und 4 – 5 EL Wasser cremig pürieren. Mit Salz würzen und kalt stellen.

KICHERERBSEN-QUINOA-BURGER

25 g weiße Quinoa | 30 g in Öl eingelegte getrocknete Tomaten | 100 g Joghurt | ¼ TL Macapulver | Salz | Pfeffer | 4 Stiele Petersilie | 100 g Kichererbsen (aus der Dose) | 1 EL Vollkorn-Semmelbrösel | 1 gehäufter EL Kichererbsenmehl | ½ TL scharfes Paprikapulver (am besten geräuchert) | 1 EL Rapsöl | 25 g Rucola | 1 Tomate | 1 Vollkornbrötchen (ersatzweise Mehrkorntoastie)

Nervennahrung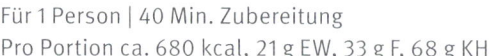

Für 1 Person | 40 Min. Zubereitung
Pro Portion ca. 680 kcal, 21 g EW, 33 g F, 68 g KH

1 Quinoa heiß abbrausen und nach Packungsanweisung in kochendem Wasser garen. Inzwischen getrocknete Tomaten abtropfen lassen. Dann mit Joghurt und Macapulver pürieren, salzen und pfeffern. In einem gut schließenden Gefäß kalt stellen.

2 Quinoa abgießen. Petersilie waschen, trocken schütteln und hacken. Kichererbsen abgießen, abbrausen und abtropfen lassen. Beides mit Semmelbröseln, Kichererbsenmehl, Petersilie, Paprikapulver, Salz und Pfeffer zu einer zähen Masse pürieren. Diese mit angefeuchteten Händen zu einem flachen Burger (ca. 11 cm ⌀) formen. Das Öl erhitzen. Den Burger darin bei mittlerer Hitze pro Seite 5 – 6 Min. braten, dann auskühlen lassen.

3 Rucola und Tomate waschen und trocken tupfen. Beides mit dem Burger verpacken, mit Sauce und Brötchen mitnehmen. Vor dem Servieren das Brötchen toasten, Burger in der Mikrowelle bei 600 Watt ca. 1 Min. aufwärmen. Tomate in Scheiben schneiden. Brötchen aufschneiden. Unterteil mit etwas Sauce bestreichen, mit Rucola, Burger und Tomatenscheiben belegen. Oberteil darauflegen. Rest Sauce extra dazu reichen.

HÄHNCHEN-BAGEL MIT CHUTNEY

1 kleine rote Zwiebel | 1 TL Rapsöl | 30 g getrocknete Physalis | 100 ml ungesüßter Cranberrysaft (Reformhaus, Drogerie oder Bioladen) | 1 TL Chiasamen | 2 TL Honig | Salz | 1 Msp. Chilipulver | 1 Vollkornbagel (ersatzweise Vollkornbrötchen) | 3 TL Ziegenfrischkäse | 4 hauchdünne Scheiben geräucherte Hähnchenbrust | 1 EL gemischte Sprossen (Bioladen)

Einfach raffiniert

Für 1 Person | 20 Min. Zubereitung
Pro Portion ca. 560 kcal, 25 g EW, 15 g F, 18 g KH

1 Für das Chutney die Zwiebel schälen und würfeln. Das Öl in einem kleinen Topf erhitzen, die Zwiebel darin glasig dünsten. Physalis, Saft und Chiasamen dazugeben. Alles aufkochen und ca. 5 Min. köcheln lassen, bis die Flüssigkeit fast verdampft ist. Den Honig unterrühren. Alles kurz pürieren, mit Salz und Chilipulver würzen. In ein Schraubglas oder eine Dose füllen und kalt stellen. Da die Physalis und die Chiasamen weiter aufquellen, dickt das Chutney etwas an.

2 Den Bagel quer aufschneiden, mit Ziegenfrischkäse bestreichen und mit Hähnchenbrust belegen. Das Oberteil auflegen und den Bagel zum Mitnehmen verpacken. Sprossen und Chutney extra verpackt mitnehmen. Alles bis zum Servieren kalt stellen. Vor dem Servieren den Bagel aufklappen und das Chutney darauf verteilen. Mit den Sprossen bestreuen und wieder zuklappen.

TIPP

Das Chutney hält sich gekühlt etwa 5 Tage und schmeckt auch zu gebratenem Hähnchenbrustfilet, Currys (siehe S. 45) oder Käse.

SOMMERROLLEN

Die knackfrische Schwester der Frühlingsrolle wird nicht frittiert und kommt ganz leicht daher. Gefüllt mit Gemüse und Kräutern überzeugt sie mit inneren Werten.

Für den Dip:
½ TL Sesamsamen
1 rote Chilischote
1 Stück Ingwer (haselnussgroß)
2 TL Fischsauce
1 EL Limettensaft
1 TL brauner Zucker)
Für die Röllchen:
5 Stiele Kräuter (z. B. Thai-Basili-
kum, Minze, Koriandergrün –
nach Belieben gemischt oder
eines davon)
200 g Salatgurke
100 g Möhren
3 Frühlingszwiebeln
1 Handvoll Babygrünkohl
(ersatzweise Babyspinat)
50 g gegarte Garnelen
5 runde Reispapierblätter
(ca. 15 cm ⌀, Asialaden)

Perfekt für heiße Tage

Für 1 Person |
35 Min. Zubereitung
Pro Portion ca. 310 kcal,
19 g EW, 3 g F, 50 g KH

1 Für den Dip die Sesamsamen in einer Pfanne ohne Fett rösten. Die Chilischote halbieren, Kerne entfernen, die Hälften waschen und in schmale Streifen schneiden. Den Ingwer schälen und fein reiben. Die Fischsauce mit Limettensaft, 1 EL Wasser und braunem Zucker verrühren, bis sich der Zucker gelöst hat. Sesamsamen, Chili und Ingwer unterrühren. Den Dip in ein kleines Schraubglas mit weiter Öffnung füllen.

2 Für die Röllchen die Kräuter waschen, trocken schütteln und die Blätter abzupfen. Die Gurke schälen, vierteln, mit einem Löffel entkernen und in dünne Streifen schneiden. Möhren putzen, waschen und grob raspeln. Die Frühlingszwiebeln putzen, waschen und in feine Ringe schneiden. Den Babygrünkohl waschen und trocken schütteln. Die Garnelen längs halbieren.

3 Nacheinander je 1 Blatt Reispapier in einer flachen Schale mit Wasser einweichen, bis es weich und biegsam ist. Die Reispapier- blätter zum Abtropfen auf ein sauberes Küchentuch legen. Etwa ein Fünftel der Kräuter auf dem Reispapier verteilen. Mit je einem Fünftel der übrigen vorbereiteten Zutaten belegen. Die Seiten des Reispapiers etwas über die Füllung schlagen. Das Reispapier auf- rollen. Die Rollen mit etwas Abstand (sonst kleben sie aneinan- der) nebeneinander in eine Lunchbox legen und kalt stellen. Zum Essen die Röllchen in den Dip tunken.

TIPP
Statt Garnelen können Sie auch die gleiche Menge gegartes Hähnchenfleisch, gebratenen Tofu oder Omelettstreifen in die Rollen füllen.

GEMÜSE-QUICHE

100 g glutenfreie Haferflocken | 50 g Reismehl |
50 g Mandelmehl (ersatzweise gemahlene Mandeln) | 1 EL geschrotete Leinsamen | Salz |
75 g kalte Butter | 1 kleine Stange Lauch |
200 g Babyspinat | 1 EL Rapsöl | 25 g gehackte
Walnusskerne (Fertigprodukt) | Pfeffer | 3 Eier |
100 ml Milch | 150 g Schafskäse (Feta) | frisch
geriebene Muskatnuss

Glutenfrei 🌿

Für 4 Stücke | 40 Min. Zubereitung |
35 Min. Backen
Pro Stück ca. 565 kcal, 25 g EW, 38 g F, 27 g KH

1 Die Flocken im Blitzhacker mahlen. Mit Reis-,
Mandelmehl, Leinsamen, ½ TL Salz, Butter und
3 – 4 EL Wasser mit den Händen zu einem glatten
Teig verkneten. Den Teig in eine Springform
(26 cm ⌀) geben und mit den Fingern auf den Boden der Form drücken, dabei einen kleinem Rand
hochziehen. Den Teig ca. 30 Min. kalt stellen.

2 Backofen auf 180° vorheizen. Den Lauch putzen, gründlich waschen und in Ringe schneiden.
Den Spinat putzen, waschen und grob hacken. Das
Öl in einer Pfanne erhitzen. Den Lauch darin
ca. 5 Min. andünsten. Den Spinat dazugeben und
1 – 2 Min. mitdünsten. Die Nüsse untermischen,
das Gemüse mit Salz und Pfeffer würzen.

3 Teigboden mehrfach einstechen. Im Ofen
(Mitte) ca. 10 Min. vorbacken. Eier mit Milch und
Schafskäse pürieren. Mit Salz, Pfeffer und Muskat
würzen. Die Form herausnehmen. Erst die Füllung,
dann den Guss auf den Teig geben. Die Quiche
weitere 30 – 35 Min. backen. Aus dem Ofen nehmen, auskühlen lassen und vierteln. Gekühlt bleibt
sie ca. 3 Tage frisch. Dazu passen Kirschtomaten.

MINI-FRITTATAS MIT GOJISALSA

150 g gemischtes Gemüse (z. B. Möhren, Zucchini, Paprikaschote, Fenchel oder Erbsen) | ¼ Bund Schnittlauch | 2 Eier | Salz | Pfeffer | 3 mittelgroße Tomaten | 1 grüne Chilischote | 2 TL getrocknete Gojibeeren | 2 TL Limettensaft | 2 Msp. Cayennepfeffer | 2 TL frisch geriebener Parmesan | Öl zum Einfetten

Low Carb

Für 1 Person | 25 Min. Zubereitung | 30 Min. Kühlen
Pro Portion ca. 260 kcal, 19 g EW, 14 g F, 14 g KH

1 Den Backofen auf 190° vorheizen. Das Gemüse je nach Sorte waschen, putzen, schälen und sehr klein würfeln oder grob raspeln. Den Schnittlauch waschen, trocken schütteln und in feine Röllchen schneiden. Die Eier mit Salz und Pfeffer verquirlen, Schnittlauchröllchen unterrühren. Drei Mulden eines Muffinblechs mit Öl einfetten. Das Gemüse in die Mulden geben. Die Eiermasse darübergießen. Im Ofen ca. 12 Minuten backen.

2 Inzwischen für die Salsa die Tomaten waschen und in Viertel schneiden. Die Tomatenviertel entkernen und sehr klein würfeln. Die Chilischote halbieren, Kerne entfernen, die Hälften waschen und fein würfeln. Beides mit Gojibeeren und Limettensaft mischen. Mit Salz und Cayennepfeffer würzen. Salsa in einem gut schließenden Behälter mindestens 30 Min. kalt stellen.

3 Den Parmesan auf den Frittatas verteilen. Die Frittatas unter dem heißen Backofengrill 1 – 2 Min. gratinieren. Die Frittatas herausnehmen und auskühlen lassen. Anschließend vorsichtig aus der Form lösen und in einen gut schließenden Behälter packen. Die Frittatas bis zum Servieren kalt stellen.

AUF LÖFFEL UND GABEL

Hier finden Sie Fitmacher-Salate, die sich gut vorbereiten und mitnehmen lassen, ohne schlapp zu machen. Außerdem gibt es wohltuende Suppen oder ein Curry zum Löffeln und Nudeln in allen Varianten – mit oder ohne Gluten, roh, gekocht oder Low Carb. So kommt viel Abwechslung in Ihre Lunchbox.

REGENBOGENSALAT

Die bunte Gemüsemischung sorgt für eine Megaportion Vitalstoffe. Transportsicher in ein Glas geschichtet macht der Salat auch schon beim Anschauen gute Laune.

Für den Salat:
30 g Vollkorn-Bulgur
Salz
30 g Babygrünkohl (ersatzweise Babyspinat)
1 Möhre
½ gelbe Paprikaschote
50 g Datteltomaten
100 g Rotkohl
1 Ei
4 Stiele glatte Petersilie
1 TL geröstete Haselnusskerne
(Fertigprodukt)
Für das Dressing:
¼ Avocado
50 ml Kefir
3 TL Zitronensaft
1 gute Msp. Chlorellapulver
(ersatzweise Spirulinapulver)
Salz | Pfeffer

5 am Tag in einem Glas 🌿

Für 1 Person |
30 Min. Zubereitung
Pro Portion ca. 415 kcal,
18 g EW, 20 g F, 38 g KH

1 Den Bulgur nach Packungsanweisung in Salzwasser bissfest garen. Inzwischen den Grünkohl waschen und trocken schütteln. Die Möhre putzen, schälen und grob raspeln. Die Paprikaschote putzen, waschen und in kleine Würfel schneiden. Die Tomaten waschen, trocken tupfen und halbieren. Den Rotkohl waschen, putzen und den Strunk entfernen, den Kohl in sehr feine Streifen schneiden oder hobeln. Das Ei in ca. 10 Min. hart kochen. Dann die Petersilie waschen, trocken schütteln und hacken.

2 Für das Dressing das Fruchtfleisch der Avocado aus der Schale lösen. Mit Kefir, Zitronensaft und Algenpulver pürieren. Eventuell etwas Wasser dazugeben. Das Dressing salzen, pfeffern und gut verschlossen in einem Schraubglas kalt stellen.

3 Bulgur abgießen, abtropfen lassen. Nüsse grob hacken und mit Petersilie unter den Bulgur heben. Salat in ein Schraubglas (mindestens 400 ml Inhalt) schichten. Zuerst den Bulgur einfüllen. Darauf nacheinander Möhre, Rotkohl, Paprika, Grünkohl und die Tomaten einschichten. Das Glas verschließen und den Salat kalt stellen. So hält er sich bis zum nächsten Tag.

4 Salat, Dressing und das ungepellte Ei getrennt mitnehmen. Zum Servieren den Salat in eine Schüssel geben. Das Ei pellen, in Achtel schneiden und mit dem Dressing auf den Salat geben.

TIPP

Das Gemüse können Sie nach Lust und Laune austauschen – je bunter, desto mehr verschiedene Vitalstoffe sind drin. Statt Bulgur verwenden Sie die gleiche Menge Hülsenfrüchte aus der Dose, gegarten Couscous, Quinoa oder Nudeln.

ROTE-BETE-MANDEL-COUSCOUS

10 g Mandeln | 50 g Vollkorn-Couscous |
100 ml Rote-Bete-Saft (Bioladen oder Drogerie) |
Salz | 75 g TK-Erbsen | 100 g Salatgurke | 1 Frühlingszwiebel | ½ Bund Minze | ½ Bund Petersilie | 1 EL Leinöl | 2 EL Zitronensaft | 1 TL Baobabpulver | Pfeffer | 1 gute Msp. gemahlener
Kreuzkümmel | 3 kleine runde Ziegenkäsetaler (50 g)

Bringt Farbe in den Alltag 🌿

Für 1 Person | 25 Min. Zubereitung
Pro Portion ca. 600 kcal, 24 g EW, 29 g F, 55 g KH

1 Die Mandeln in einem kleinen Topf ohne Fett anrösten, dann abkühlen lassen und grob hacken.
Couscous, Rote-Bete-Saft und etwas Salz in demselben Topf verrühren und aufkochen, vom Herd
nehmen und zugedeckt ca. 5 Min. quellen lassen.

2 Inzwischen die Erbsen mit kochendem Wasser
übergießen und ca. 5 Min. ziehen lassen. Die Salatgurke schälen, vierteln, entkernen und klein würfeln. Die Frühlingszwiebel putzen, waschen und in
feine Ringe schneiden. Minze und Petersilie waschen und trocken schütteln, die Blätter abzupfen
und hacken. Das Öl mit Zitronensaft und Baobabpulver verrühren. Mit Salz, Pfeffer und Kreuzkümmel würzen. Die Erbsen abtropfen lassen.

3 Den Couscous mit einer Gabel auflockern, mit
dem Dressing verrühren und abkühlen lassen.
Gurke, Frühlingszwiebel und Kräuter untermischen.
Den Salat mit Salz und Pfeffer abschmecken und in
einem gut schließenden Behälter kalt stellen. Erbsen und Käse extra verpackt mitnehmen. Vor dem
Servieren die Erbsen unter den Salat mischen und
den Käse auf dem Salat anrichten.

KICHERERBSENSALAT

240 g Kichererbsen (aus der Dose) | 2 Möhren |
50 g Babyspinat | 5 Datteln ohne Stein (z. B.
Medjool-Datteln) | 1 Zitrone | 2 EL Olivenöl |
2 TL Sojasauce (ersatzweise Tamarisauce) |
¾ TL gemahlener Kreuzkümmel | ¾ TL scharfes
Paprikapulver (am besten geräuchert)

Treibstoff für einen langen Tag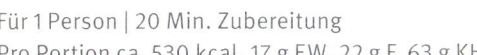

Für 1 Person | 20 Min. Zubereitung
Pro Portion ca. 530 kcal, 17 g EW, 22 g F, 63 g KH

1 Die Kichererbsen in ein Sieb abgießen, kalt abbrausen und abtropfen lassen. Inzwischen die
Möhren putzen, schälen und auf einer Küchenreibe
grob raspeln. Den Spinat putzen, waschen und trocken schütteln. Die Datteln in feine Ringe schneiden. Die Kichererbsen, Möhre und Datteln in einen
gut schließenden Behälter geben und mischen.

2 Den Saft der Zitrone auspressen. Mit Olivenöl,
Sojasauce, Kreuzkümmel und Paprikapulver verrühren. Das Dressing unter den Salat im Glas mischen. Den Salat gut verschlossen kalt stellen. Den
Spinat extra verpacken und kalt stellen. Vor dem
Servieren den Spinat unter den Kichererbsensalat
mischen, so bleibt er knackig.

TIPP

Schön deftig wird der Kichererbsensalat mit
Chorizo (scharfe Paprikawurst). 50 g Chorizo
längs halbieren und in dünne Scheiben schneiden. ½ rote Zwiebel schälen und in schmale
Streifen schneiden. Die Wurst in einem Topf
ohne Fett kräftig anbraten. Nach 1 – 2 Min. die
Zwiebelstreifen dazugeben und mitbraten, bis
sie weich sind. Anschließend die Wurst-Zwie-
bel-Mischung unter den Salat mischen.

QUINOA-SALAT MIT HUHN

Das kleine Supergetreide ist mit vielen B-Vitaminen, Magnesium und Eisen genau die richtige Basis, um anstrengende Arbeitstage gelassen zu überstehen.

150 g Hähnchenbrustfilet
30 g weiße Quinoa
Salz
200 g grüner Spargel (ersatzweise Brokkoli)
2 Frühlingszwiebeln
¼ Mango
1 EL Sojasauce
2 TL Limettensaft
½ TL Wasabipaste (Asialaden)
3 TL Rapsöl
1 Stück Ingwer (haselnussgroß)
Pfeffer

Stressvertreiber

Für 1 Person |
30 Min. Zubereitung
Pro Portion ca. 500 kcal,
43 g EW, 22 g F, 32 g KH

1 Das Hähnchenbrustfilet waschen, mit Küchenpapier trocken tupfen und in einen Dämpfeinsatz legen. Dann den Dämpfeinsatz in einen Topf mit wenig kochendem Wasser stellen (Bild 1). Das Hähnchenbrustfilet darin zugedeckt 12 – 15 Min. dämpfen.

2 Inzwischen Quinoa heiß abbrausen und in einem Sieb (Bild 2) abtropfen lassen, dann in Salzwasser nach Packungsanweisung garen. Den Spargel waschen, putzen und das untere Drittel schälen. Die Stangen dritteln und in den letzten ca. 6 Min. zum Quinoa geben und mitgaren (Bild 3).

3 Die Frühlingszwiebeln putzen, waschen und in Ringe schneiden. Die Mango schälen und in schmale Spalten schneiden. Für das Dressing Sojasauce mit Limettensaft, Wasabipaste und Öl verrühren. Den Ingwer schälen und fein dazuraspeln oder sehr fein hacken und dazugeben. Mit Salz und Pfeffer abschmecken.

4 Quinoa und Spargel in ein Sieb abgießen und abtropfen lassen, noch warm mit dem Dressing mischen und abkühlen lassen. Frühlingszwiebeln und Mango untermischen. Den Salat in einem gut schließenden Behälter kalt stellen. Das Hähnchenbrustfilet abkühlen lassen, schräg in Scheiben schneiden und getrennt kalt stellen. Vor dem Servieren das Filet auf den Salat geben.

KARTOFFELSALAT MIT MAKRELE

Perfekte Partner für den Klassiker: das mit Senf und Moringa gewürzte Dressing und der leicht scharfe Rucola. Der Fisch dazu sorgt für sättigendes Eiweiß und gesundes Fett.

4 kleine Salatkartoffeln
(ca. 250 g)
1 EL Crème fraîche
1 TL mittelscharfer Senf
2 Spritzer Zitronensaft
1 Msp. Moringapulver
Salz | Pfeffer
30 g Rucola
120 g geräuchertes
Makrelenfilet

Einfach gut

Für 1 Person |
30 Min. Zubereitung
Pro Portion ca. 475 kcal,
30 g EW, 25 g F, 31 g KH

1 Die Kartoffeln gründlich waschen und in kochendem Wasser in 15 – 20 Min. bissfest garen. Inzwischen für das Dressing die Crème fraîche mit beiden Senfsorten, Zitronensaft und Moringapulver in einem gut schließenden großen Behälter glatt rühren. Das Dressing mit Salz und Pfeffer abschmecken. Den Rucola waschen, trocken schütteln und grobe Stiele entfernen. Den Rucola gut verpackt kalt stellen.

2 Die Kartoffeln abgießen, kalt abschrecken und kurz abkühlen lassen, dann pellen und sofort unter das Dressing mischen. Den Kartoffelsalat abkühlen lassen und zugedeckt kalt stellen.

3 Kartoffelsalat, Rucola und Makrelenfilet getrennt verpackt mitnehmen und bis zum Servieren kalt stellen. Vor dem Servieren den Rucola unter den Kartoffelsalat mischen und das Makrelenfilet auf dem Salat anrichten.

TIPP Die tollen Knollen sind leichte Sattmacher – besonders, wenn man sie kalt als Salat isst. Denn beim Abkühlen wird ein Teil der Stärke in resistente Stärke umgewandelt, die der Körper nicht verdauen kann und die so zwar satt macht, aber keine Energie mehr liefert. Dazu spenden die Kartoffeln relativ viel Vitamin C und ausgleichendes Kalium.

SOBANUDELSALAT

125 g Tofu | 1 Stück Ingwer (walnussgroß) |
2 EL Tamarisauce (Asialaden) | 1 TL Sesam-
samen | 1 kleine rote Spitzpaprikaschote |
50 g Babyspinat | 3 Stiele Minze | 2 Frühlings-
zwiebeln | 1 Nori-Blatt (Asialaden) | 50 g Soba-
nudeln (japanische Buchweizennudeln; Asia-
oder Bioladen) | Salz | 1 EL Sesamöl |
1 EL Zitronensaft

Glutenfrei 🌿

Für 1 Person | 25 Min. Zubereitung
Pro Portion ca. 530 kcal, 28 g EW, 22 g F, 64 g KH

1 Den Tofu in 1 – 2 cm große Würfel schneiden.
Den Ingwer schälen und auf einer Küchenreibe fein
raspeln oder ebenfalls würfeln und beides mit der
Tamarisauce mischen. Den Tofu untermischen und
marinieren lassen. Die Sesamsamen in einer
Pfanne rösten, dann abkühlen lassen.

2 Die Paprikaschote halbieren, weiße Trennwände und Kerne entfernen, die Hälften waschen
und in schmale Streifen schneiden. Den Spinat
putzen, waschen und trocken schütteln. Die Minze
waschen, trocken schütteln, die Blätter abzupfen
und hacken. Die Frühlingszwiebeln putzen, waschen und in Ringe schneiden. Das Nori-Blatt mit
einer Küchenschere in schmale Streifen schneiden.

3 Die Sobanudeln nach Packungsanweisung in
Salzwasser garen. Den Tofu in ein Sieb abgießen,
dabei die Marinade auffangen und für das Dressing mit Sesamöl und Zitronensaft verrühren. Die
Nudeln abgießen und abtropfen lassen, dann noch
warm unter das Dressing mischen und etwas abkühlen lassen. Anschließend alle vorbereiteten Zutaten und die Sesamsamen unter die Sobanudeln
mischen. Den Salat in einem gut schließenden Behälter bis zum Servieren kalt stellen.

THAI-NUDELSALAT

100 g Hähnchenbrustfilet | 50 g Zuckerschoten |
2 Frühlingszwiebeln | 2 EL Rapsöl | Salz | Pfeffer | 1 große Möhre | 5 Radieschen | 50 g breite
Reisnudeln (Asialaden) | 2 EL Limettensaft |
2 EL Erdnusscreme | 1 EL Fischsauce (Asialaden) | ½ TL rote Thai-Currypaste (Asialaden) |
¼ TL Macapulver | 1 EL geröstete, gesalzene
Erdnusskerne

Das Dressing macht's

Für 1 Person | 45 Min. Zubereitung
Pro Portion ca. 895 kcal, 44 g EW, 51 g F, 60 g KH

1 Das Hähnchenbrustfilet waschen, trocken tupfen und in Streifen schneiden. Die Zuckerschoten
waschen, putzen und schräg in Streifen schneiden.
Die Frühlingszwiebeln putzen, waschen und in
Ringe schneiden. 1 EL Öl in einer Pfanne erhitzen.
Die Filetstreifen darin 6 – 8 Min. rundherum braten.

In den letzten 2 – 3 Min. die Zuckerschoten und
Frühlingszwiebeln dazugeben und mitbraten. Alles
mit Salz und Pfeffer würzen.

2 Inzwischen die Möhre putzen, schälen und grob
raspeln. Die Radieschen putzen, waschen und in
dünne Scheiben schneiden. Die Nudeln nach Packungsanweisung in Salzwasser garen, dann abgießen und abtropfen lassen. 1 EL Öl mit 1 EL Limettensaft verrühren und unter die noch warmen
Nudeln mischen. Hähnchenmischung, Möhre und
Radieschen untermischen. In einem gut schließenden Behälter bis zum Servieren kalt stellen.

3 Für das Dressing Erdnusscreme mit 1 EL Limettensaft, Fischsauce, Currypaste, Macapulver und
1 – 2 EL Wasser glatt rühren. In einem Schraubglas
kalt stellen. Vor dem Servieren Dressing und Erdnüsse über den Salat geben.

ASIA-SUPPE AUS DEM GLAS

Einfach genial! Vor dem Essen müssen Sie nur noch kochendes Wasser aus dem Wasserkocher dazugeben – und fertig ist ein dampfendes Süppchen.

30 g Glasnudeln
200 g gemischtes Gemüse
(z. B. Brokkoli, Bohnen, Kohl,
Fenchel, Paprikaschote, Pilze,
Frühlingszwiebeln, Möhren,
Staudensellerie)
Salz
50 g gegartes Hähnchenfleisch
(vom Vortag; ersatzweise
Hähnchenbrustaufschnitt)
2 TL Misopaste (Asialaden)
1 EL Sojasauce
1 Spritzer Limettensaft
1 Msp. Kurkumapulver
1 dünne Scheibe Ingwer
Außerdem:
Sojasauce (nach Belieben)
Limettensaft (nach Belieben)
Koriandergrün (nach Belieben)

5-Minuten-Terrine

Für 1 Person |
20 Min. Zubereitung
Pro Portion ca. 250 kcal,
17 g EW, 4 g F, 35 g KH

1 Die Glasnudeln nach Packungsanweisung einweichen und garen, dann abgießen und abtropfen lassen. Das Gemüse je nach Sorte waschen, putzen, schälen und in mundgerechte Stücke schneiden. Feste Sorten wie Möhren oder Kohl grob raspeln oder in sehr feine Streifen schneiden. Brokkoli in Salzwasser bissfest garen, herausnehmen und abkühlen lassen. Bohnen in Salzwasser garen, herausnehmen und abkühlen lassen. Das Hähnchenfleisch klein schneiden. Alles in ein großes Schraubglas oder in einen hitzebeständigen Behälter füllen.

2 Die Misopaste mit Sojasauce, Limettensaft und Kurkumapulver glatt rühren. Die Mischung auf das Gemüse im Glas geben. Den Ingwer schälen und ebenfalls auf das Gemüse geben. Das Glas gut verschließen und bis zum Verzehr kalt stellen.

3 Kurz vor dem Servieren 350 – 400 ml Wasser in einem Wasserkocher aufkochen, die Hälfte in das Glas gießen. Den Deckel leicht auflegen, aber das Glas nicht verschließen. Die Suppe ca. 5 Min. ziehen lassen. Übriges Wasser kochendheiß dazugießen. Alles durchrühren und servieren. Die Suppe nach Belieben mit etwas Sojasauce, Limettensaft und Koriandergrün würzen.

TIPP

Die Suppenbasis lässt sich unendlich variieren. Statt Glasnudeln können Sie auch gegarten Reis, Quinoa oder Couscous dazugeben. Vegetarisch wird es mit gewürfeltem Tofu statt mit Hähnchenfleisch. Auch gegarte Garnelen oder festes Fischfilet wie Kabeljau oder Lachs eignen sich. Dann sollten Sie unbedingt auf eine durchgehend sehr gute Kühlung der Suppenmischung achten, auch beim Transport.

GRÜNE ERBSENSUPPE

20 g weiße Quinoa | Salz | 1 kleine Zwiebel |
1 Stange Staudensellerie | 3 TL Rapsöl |
125 g TK-Erbsen | 200 ml Gemüsebrühe |
4 Stiele Minze | Pfeffer | 1 TL Zitronensaft |
1 gute Msp. Chlorellapulver (ersatzweise
Spirulinapulver)

Mit Super-Knuspertopping

Für 1 Person | 25 Min. Zubereitung
Pro Portion ca. 310 kcal, 14 g EW, 12 g F, 35 g KH

1 Quinoa nach Packungsanweisung in Salzwasser garen. Inzwischen die Zwiebel schälen und
würfeln. Den Staudensellerie putzen, waschen und
in dünne Scheiben schneiden. Quinoa abgießen,
abtropfen lassen und auf Küchenpapier legen.

2 1 TL Öl in einem Topf erhitzen. Zwiebel und
Staudensellerie darin ca. 5 Min. andünsten.

Die unaufgetauten Erbsen und Gemüsebrühe dazugeben, alles aufkochen und zugedeckt bei kleiner Hitze ca. 6 Min. köcheln lassen. Die Minze waschen und trocken schütteln, die Blätter abzupfen
und grob hacken. Die Suppe vom Herd nehmen
und die Minze dazugeben. Die Suppe fein pürieren,
mit Salz, Pfeffer und Zitronensaft abschmecken
und abkühlen lassen. Dann das Algenpulver unterrühren. Die Suppe in einem gut verschließbaren
Gefäß bis zum Servieren kalt stellen.

3 Quinoa mit Küchenpapier möglichst trocken
tupfen. 2 TL Rapsöl in einer Pfanne erhitzen. Die
Quinoa darin unter gelegentlichem Wenden in
5 – 10 Min. knusprig braten und leicht mit Salz würzen. Quinoa abkühlen lassen und in ein Schraubglas geben. Die Suppe nach Belieben gut gekühlt
oder aufgewärmt anrichten, mit Knusper-Quinoa
bestreuen und servieren.

WÄRMENDE WINTERSUPPE

1 kleine Zwiebel | 1 Möhre | 1 Pastinake |
4 getrocknete Soft-Aprikosen | 2 EL Rapsöl |
¼ TL Ras el Hanout (marokkanische Gewürzmischung) | 100 g Kichererbsen (aus der Dose) |
Salz | Pfeffer | Cayennepfeffer | ¼ TL Baobabpulver | 1 Spritzer Zitronensaft

Orientalisch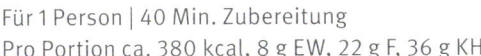

Für 1 Person | 40 Min. Zubereitung
Pro Portion ca. 380 kcal, 8 g EW, 22 g F, 36 g KH

1 Die Zwiebel schälen und würfeln. Möhre und
Pastinake putzen, schälen und in Würfel schneiden. Die Aprikosen ebenfalls würfeln. 1 EL Rapsöl
in einem Topf erhitzen. Die Zwiebel darin glasig
dünsten. Das Gemüse dazugeben und 3 – 4 Min.
andünsten. Gemüse mit Ras el Hanout bestreuen.
450 ml Wasser angießen, aufkochen und offen bei
mittlerer Hitze ca. 30 Min. köcheln lassen.

2 Inzwischen die Kichererbsen in einem Sieb kalt
abbrausen, abtropfen lassen und trocken tupfen.
1 EL Rapsöl in einer beschichteten Pfanne erhitzen.
Die Kichererbsen dazugeben und unter Rühren in
7 – 10 Min. knusprig braten. Mit Salz, Pfeffer und
Cayennepfeffer würzen. Die Kichererbsen herausnehmen, abkühlen lassen und in einen gut schließenden Behälter geben.

3 Die Suppe vom Herd nehmen und mit einem
Pürierstab fein pürieren. Anschließend die Suppe
mit Salz, Pfeffer, Baobabpulver und Zitronensaft
abschmecken. Die Suppe abkühlen lassen, in einen gut schließenden Behälter füllen und bis zum
Servieren in den Kühlschrank stellen. Vor dem Servieren die Suppe in der Mikrowelle bei 450 Watt
ca. 3 Min. oder im heißen Wasserbad aufwärmen,
dabei zwischendurch umrühren. Mit den Kichererbsen bestreuen.

ANTIPASTI MIT BOHNENDIP

1 rote Paprikaschote | 1 kleine Fenchelknolle |
100 g kleine Champignons | 1 Zweig Thymian |
2 ½ EL Olivenöl | 1 TL Agavendicksaft |
2 EL Weißweinessig | Salz | Pfeffer | 110 g weiße
Bohnen (aus der Dose) | 1 TL geschrotete Lein-
samen | 1 TL Zitronensaft | 25 g Rucola

Italo-Hit 🌿

Für 1 Person | 25 Min. Zubereitung
Pro Portion ca. 432 kcal, 13 g EW, 28 g F, 29 g KH

1 Paprikaschote halbieren, weiße Trennwände
und Kerne entfernen, die Hälften waschen und in
Streifen schneiden. Fenchel putzen, waschen, halbieren und den Strunk entfernen. Die Hälften in
Streifen schneiden. Pilze putzen und halbieren.
Thymian waschen und trocken schütteln. 2 EL Olivenöl in einer Pfanne erhitzen. Paprika und Fenchel darin 5 – 6 Min. anbraten. Pilze und Thymian
dazugeben und unter Wenden weitere 5 Min. braten. Agavendicksaft einrühren. Essig und
3 – 4 EL Wasser angießen, aufkochen und zugedeckt ca. 5 Min. schmoren lassen. Salzen, pfeffern.

2 Für den Dip die Bohnen abbrausen und abtropfen lassen. ½ EL Öl in einem kleinen Topf erhitzen.
Bohnen und Leinsamen darin ca. 2 Min. andünsten. 2 EL Wasser zu den Bohnen gießen und alles
fein pürieren. Den Dip mit Salz und Zitronensaft
abschmecken. In einen gut schließenden Behälter
geben und kalt stellen.

3 Das Gemüse samt der Flüssigkeit in einem gut
schließenden Behälter auskühlen lassen und kalt
stellen. Den Rucola putzen, waschen, trocken
schütteln und getrennt verpacken. Antipasti auf
dem Rucola anrichten und mit dem Dip servieren.
Dazu passen Vollkorn-Grissini.

COURGETTI MIT TOMATENCREME

1 großer Zucchino | ½ rote Paprikaschote | 40 g in Öl eingelegte getrocknete Tomaten | 2 Stiele Basilikum | ½ Bio-Zitrone | ¼ Avocado | 25 g Pinienkerne | 3 Msp. Moringapulver | Salz | Pfeffer | 1 Spritzer Agavendicksaft | Pinienkerne und Basilikumblätter zum Bestreuen

Rohkost vom Feinsten

Für 1 Person | 25 Min. Zubereitung
Pro Portion ca. 525 kcal, 8 g EW, 45 g F, 20 g KH

1 Den Zucchino waschen, putzen und mit einem Spiralschneider in dünne »Spaghetti« schneiden oder mit einem Sparschäler in hauchdünne Tagliatelle hobeln. Die Paprikaschote putzen und waschen, erst längs halbieren und dann quer in sehr schmale Streifen schneiden. Das Gemüse in einem gut schließenden Behälter kalt stellen.

2 Für die Tomatencreme die getrockneten Tomaten auf Küchenpapier entfetten, danach grob hacken. Das Basilikum waschen, trocken schütteln und die Blätter abzupfen. Die Zitrone waschen und trocken reiben, die Schale abreiben und den Saft auspressen.

3 Das Fruchtfleisch der Avocado mit einem Löffel aus der Schale lösen und mit Tomaten, Basilikum, Pinienkernen, Zitronenschale und -saft, 2 EL Wasser und Moringapulver in einen hohen Rührbecher geben. Alles cremig pürieren. Die Creme mit Salz, Pfeffer und etwas Agavendicksaft abschmecken. In ein Schraubglas geben und kalt stellen.

4 Zum Servieren Courgetti und Paprika mischen. Die Tomatencreme daraufgeben und mit Pinienkernen und Basilikum garnieren.

OFENKÜRBIS MIT TOFUNAISE

Das gebackene Herbstgemüse wird mit einem eiweißreichen Dip und nussigen Hanfsamen zum Sattmacher und stärkt die Abwehr gegen graues Herbstwetter.

Für den Kürbis:
½ kleiner Hokkaido-Kürbis
(ca. 400 g)
2 EL Olivenöl
Salz | Pfeffer
½ TL Chiliflocken
2 TL geschälte Hanfsamen
Für die Tofunaise:
100 g Seidentofu
3 TL Limettensaft
¼ TL Moringapulver
Salz

Schmeckt kalt oder warm 🌿

Für 1 Person |
35 Min. Zubereitung
Pro Portion ca. 440 kcal,
15 g EW, 29 g F, 17 g KH

1 Den Backofen auf 225° vorheizen. Ein Backblech mit Backpapier auslegen. Den Kürbis waschen, entkernen und mit Schale in ca. ½ cm breite Spalten schneiden. Das Olivenöl mit Salz, Pfeffer und Chiliflocken verrühren. Die Kürbisspalten darin wenden und auf das Blech legen. Im Ofen (Mitte) ca. 20 Min. backen.

2 Inzwischen für die Tofunaise den Seidentofu abtropfen lassen. Dann den Tofu mit dem Limettensaft und Moringapulver mit dem Pürierstab fein pürieren. Die Tofunaise mit Salz kräftig würzen und in einem gut schließenden Gefäß kalt stellen.

3 Kurz vor Ende der Garzeit die Hanfsamen über die Kürbisspalten streuen. Den Kürbis herausnehmen, abkühlen lassen und in eine gut schließende Dose füllen. Den Kürbis bis zum Mitnehmen kalt stellen, danach bis zum Servieren bei Zimmertemperatur stehen lassen. Nach Belieben in der Mikrowelle bei 600 Watt 1 – 2 Min. erhitzen. Den Kürbis mit der Tofunaise servieren.

TIPP Seidentofu ist eine besonders weiche Art von Tofu, der seinen Ursprung in Japan hat. Er eignet sich hervorragend für cremig-vegane Dips und Saucen, Kuchenfüllungen, Desserts oder gewürfelt als Suppeneinlage. Sie finden Seidentofu im Bio- oder Asialaden in der Kühltheke. Reste davon halten sich gut verschlossen im Kühlschrank bis zu 1 Woche.

NUDELN MIT TOMATENSAUCE

1 kleine Zwiebel | 125 g Butternusskürbis |
1 Stiel Salbei | 2 Zweige Thymian | 1 EL Olivenöl |
1 TL geschrotete Leinsamen | 200 g gehackte
Tomaten (aus dem Tetrapak) | Salz | Pfeffer |
100 g Vollkornnudeln | 75 g Mini-Mozzarella |
Honig | ½ TL Macapulver | Basilikumblätter
(zum Bestreuen)

Lieblingsessen 2.0

Für 1 Person | 30 Min. Zubereitung
Pro Portion ca. 430 kcal, 34 g EW, 30 g F, 80 g KH

1 Die Zwiebel schälen und würfeln. Den Kürbis
schälen, entkernen und grob raspeln. Salbei und
Thymian waschen und trocken schütteln. Das Olivenöl in einem Topf erhitzen, Zwiebel und Kürbis
darin 2 – 3 Min. andünsten. Die Leinsamen unterrühren. Tomaten, Salbeistiel und Thymianzweig
dazugeben. Mit Salz und Pfeffer würzen. Die Sauce
aufkochen und ca. 15 Min. köcheln lassen, bis der
Kürbis weich ist. Wird die Sauce zu dick, dann noch
etwas Wasser unterrühren.

2 Die Nudeln in Salzwasser ca. 2 Min. kürzer als
auf der Packung angegeben garen. Die Nudeln abgießen, kalt abschrecken und abtropfen lassen.
Den Mozzarella abtropfen lassen, halbieren und in
einem gut schließenden Behälter kalt stellen.

3 Die Sauce vom Herd nehmen, die Kräuter entfernen. Sauce pürieren, salzen und pfeffern. Etwas
Honig und Macapulver unterrühren. Sauce mit Nudeln mischen und abkühlen lassen. In einem gut
schließenden Behälter kalt stellen. Vor dem Servieren in der Mikrowelle bei 600 Watt 1 ½ Min. oder
im heißen Wasserbad erwärmen, dabei mehrmals
umrühren. Basilikum in Streifen schneiden und mit
Mozzarella daraufgeben.

SÜSSKARTOFFEL-LINSEN-CURRY

1 kleine rote Zwiebel | 1 Stück Ingwer (walnuss-
groß) | 1 kleine Süßkartoffel (ca. 200 g) |
1 TL Rapsöl | 1 TL Currypulver | 50 g rote Linsen |
100 g Kokosmilch (aus der Dose) | 100 g Joghurt |
½ TL gemahlener Kreuzkümmel | Salz | Pfeffer |
½ TL Baobabpulver | 1 Spritzer Limettensaft

Indisch inspiriert 🌿

Für 1 Person | 40 Min. Zubereitung
Pro Portion ca. 580 kcal, 23 g EW, 26 g F, 63 g KH

1 Die Zwiebel schälen und fein würfeln. Den
Ingwer schälen und auf einer Gemüsereibe fein
raspeln oder ebenfalls würfeln. Die Süßkartoffel
schälen und in 1–2 cm große Würfel schneiden.

2 Das Rapsöl in einem Topf erhitzen. Zwiebel und
Ingwer darin glasig dünsten. Die Süßkartoffel dazugeben und kurz mitdünsten. Das Currypulver darü-
berstreuen und unter Wenden kurz anrösten. Die
Linsen hinzufügen und unterrühren. Kokosmilch
und ca. 100 ml Wasser dazugießen und unter das
Curry rühren. Alles aufkochen, dann zugedeckt bei
kleiner Hitze 20–25 Min. köcheln lassen, bis die
Süßkartoffel gar ist.

3 Inzwischen Joghurt und Kreuzkümmel verrühren und mit Salz würzen. Den Joghurt in einem gut
verschließbaren Gefäß kalt stellen. Das Curry mit
Salz, Pfeffer, Baobabpulver und Limettensaft abschmecken und abkühlen lassen.

4 Das Curry in ein mikrowellengeeignetes Gefäß
geben und kalt stellen. So hält es sich bis zu 3 Tage
im Kühlschrank. Vor dem Servieren das Süßkartof-
fel-Linsen-Curry aufwärmen, anrichten und mit der
Joghurtsauce servieren. Dazu passt sehr gut ein
scharfes Chutney.

SÜSSE SUPERSTARS

Manchmal muss es etwas Süßes sein. Mit den richtigen Zutaten tut das nicht nur der Seele gut, sondern auch dem Körper. Zum Frühstück, als süßes Hauptgericht, als Dessert oder bei einem Nachmittagstief können Sie ohne schlechtes Gewissen bei Chiapudding, Pancakes oder Schoko-Kokos-Riegeln zugreifen und genießen.

OVERNIGHT-OATS

Der Name verrät es – die Haferflocken übernachten im Kühlschrank. Das ist nicht nur praktisch, sondern macht sie durch das Aufquellen auch noch sättigender.

Für die Overnight-Oats:
100 ml Milch
75 g Joghurt
1 EL Lucumapulver
2 TL Ahornsirup
40 g kernige Haferflocken
Für das Topping:
2 EL Granatapfelkerne
1 TL rohe Kakaonibs

Super easy

Für 1 Person |
15 Min. Zubereitung |
über Nacht Kühlen
Pro Portion ca. 390 kcal,
12 g EW, 11 g F, 55 g KH

1 Die Milch mit dem Joghurt, Lucumapulver und Ahornsirup in eine Schüssel geben und alles mit dem Schneebesen glatt rühren. Die Haferflocken dazugeben und unterrühren. Die Haferflocken-Mischung in ein Schraubglas (ca. 300 ml Inhalt) geben, das Glas gut verschließen und mindestens 4 Std. (am besten über Nacht) in den Kühlschrank stellen.

2 Für das Topping die Granatapfelkerne mit den Kakaonibs mischen. Nach dem Quellen die Haferflocken-Mischung im Glas noch einmal durchrühren. Das Topping daraufgeben. Das Glas verschließen und bis zum Verzehr kühl aufbewaren.

TIPP

Die Vollkornflocken lassen mit Ballaststoffen und langsam verdaulichen Kohlenhydraten den Blutzuckerspiegel nur langsam ansteigen und halten lange satt. Ihre Inhaltsstoffe, B-Vitamine, Magnesium, Zink und Eisen, stärken zudem die Nerven und machen fit. Das Topping aus Obst und Nüssen oder Samen steuert dann noch Vitamin C, Antioxidantien und ein bisschen gesundes Fett bei. Besser als mit dieser Power-Mischung kann man kaum in den Tag starten.

POWER-PANCAKES

1 EL Buchweizenmehl | 30 g kernige Hafer-
flocken | 1 TL Lucumapulver | 1 TL Kokosraspel |
1 TL Weizenkeime | 1 Prise Salz | 1 Ei |
100 ml Milch | 100 g Heidelbeeren | 2 EL Ahorn-
sirup | 1 EL Öl (z. B. Kokosöl)

Klassiker mit Upgrade

Für 1 Person | 35 Min. Zubereitung
Pro Portion ca. 575 kcal, 19 g EW, 26 g F, 65 g KH

1 Für den Teig das Mehl mit Haferflocken, Lucumapulver, Kokosraspeln, Weizenkeime und Salz in
einer kleinen Schüssel mischen. Ei und Milch dazugeben und mit dem Schneebesen unter die Mischung rühren. Den Teig kurz quellen lassen.

2 Die Beeren waschen und verlesen. Die Hälfte
davon mit Ahornsirup und 50 ml Wasser in einem
kleinen Topf aufkochen und bei kleiner Hitze

5 – 6 Min. köcheln lassen, bis die Beeren zerfallen.
Die Beeren durch ein feines Sieb streichen und den
Sirup auffangen. Übrige Beeren unterheben und in
einem gut schließenden Behälter kalt stellen.

3 Den Teig noch einmal durchrühren und daraus
vier Pancakes backen. Pro Pancake etwas Öl in einer beschichteten Pfanne erhitzen, ein Viertel von
dem Teig in die Pfanne geben und mit einem Löffel
so verteilen, dass der Pancake einen Durchmesser
von ca. 10 cm hat, dann ca. 4 Min. braten. Den Pancake wenden und weitere 3 – 4 Min. braten.

4 Die Pancakes auf Küchenpapier auskühlen lassen und anschließend abgedeckt kalt stellen. Die
Power-Pancakes nach Belieben kalt servieren, im
Toaster toasten oder aber in der Mikrowelle bei
600 Watt ca. 30 Sek. erwärmen. Die Heidelbeeren
extra dazu reichen.

KOKOS-MILCHREIS MIT MANGO

½ Vanilleschote | 1 Dose Kokosmilch (165 g Inhalt) | 150 ml Kokoswasser | 50 g Mochi-Reis (japanischer Rundkornreis; Bio- oder Asialaden) | 1 Prise Salz | 1 EL getrocknete Gojibeeren | ¼ Mango | 1 TL Kokoschips | 1 TL geschälte Hanfsamen

Veganes Glück 🌱

Für 1 Person | 1 Std. 15 Min. Zubereitung
Pro Portion ca. 565 kcal, 8 g EW, 35 g F, 56 g KH

1 Die Vanilleschote längs aufschneiden und das Mark mit einem Messer herauskratzen. Vanillemark und Schote mit Kokosmilch, Kokoswasser, Reis und Salz in einem kleinen Topf verrühren und aufkochen, dann offen bei sehr kleiner Hitze ca. 1 Std. köcheln. Dabei oft umrühren, denn der Reis brennt leicht an. Etwa 15 Min. vor dem Ende der Kochzeit die Gojibeeren dazugeben.

2 Inzwischen die Mango schälen, das Fruchtfleisch erst vom Stein, dann klein schneiden. Die Kokoschips und Hanfsamen in einer Pfanne ohne Fett kurz anrösten, dann herausnehmen, abkühlen lassen und in einen kleinen Behälter füllen.

3 Den Milchreis in ein großes Schraubglas oder einen anderen Behälter geben und abkühlen lassen. Die Mango daraufgeben, verschließen und bis zum Verzehr kalt stellen. Den Milchreis vor dem Servieren mit der Kokos-Hanf-Mischung bestreuen.

TIPP

Mochi-Reis ist eine japanische Spezialität. Den normalen Milchreis übertrumpfen die Körner mit Extraballaststoffen, nervenstärkenden B-Vitaminen und natürlicher Süße. Als Dessert ergibt der Milchreis 2 Portionen. Im Kühlschrank hält sich der Milchreis ca. 3 Tage.

ROHE SCHOKO-KOKOS-RIEGEL

Ja, auch dieser Riegel hat Kalorien. Aber er liefert auch Ballaststoffe, Pflanzeneiweiß, gute Fette und Vitalstoffe und macht auf gesunde Art extralange satt.

200 g weiche Datteln ohne Stein (z. B. Medjool-Datteln)
125 g Walnusskerne
50 g geschälte Hanfsamen
50 g rohe Kakaonibs
50 g Sonnenblumenkerne
50 g Chiasamen
50 g Kokosraspel
1½ EL Kokosöl
75 g Rosinen
3 TL Apfeldicksaft
1 EL rohes ungesüßtes Kakaopulver
1 TL Lucumapulver
Kokosraspel (nach Belieben; zum Bestreuen)

Süßer Vorrat

Für 15 Stück |
30 Min. Zubereitung |
1 Std. Kühlen
Pro Stück ca. 210 kcal,
5 g EW, 13 g F, 16 g KH

1 Die Datteln jeweils einmal längs und einmal quer halbieren. Die Walnusskerne grob hacken und mit Hanfsamen, Kakaonibs, Sonnenblumenkernen, Chiasamen und Kokosraspeln mischen. Das Kokosöl erwärmen oder in der Mikrowelle schmelzen lassen.

2 Etwa drei Viertel von der Nuss-Samen-Mischung mit Datteln, Rosinen, Apfeldicksaft, Kokosöl, Kakaopulver und Lucumapulver in einen Mixer geben. Die Mischung so lange mixen, bis sich alles gut verbunden hat und gut zusammenklebt. Zwischendurch die Masse mehrmals mit einem Teigschaber wieder nach unten schieben. Wenn die Masse zu trocken ist, noch etwas flüssiges Kokosöl untermixen. Die übrige Nuss-Samen-Mischung dazugeben und kurz unter die Masse mixen.

3 Eine kleine flache Auflaufform (24 × 17 cm) mit Frischhaltefolie auslegen. Die Riegelmasse in die Form geben und gleichmäßig zu einem Rechteck verstreichen (Bild 1). Die Oberfläche nach Belieben mit Kokosraspeln bestreuen und etwas andrücken (Bild 2). Die Masse abgedeckt mindestens 1 Std. kalt stellen.

4 Die Masse in 15 Riegel schneiden. Dafür das Rechteck erst längs in fünf Streifen schneiden, dann die Streifen quer in drei Teile teilen (Bild 3). Gut abgedeckt halten sich die Riegel im Kühlschrank ca. 2 Wochen. Zum Mitnehmen die Riegel in Alufolie oder Pergamentpapier wickeln oder in einen gut schließenden Behälter geben und kühl stellen, damit sie nicht bröselig werden.

ENERGY-BOOSTER-MUFFINS

50 g Mandelmehl (ersatzweise gemahlene Mandeln) | 50 g kernige Haferflocken | 125 g Dinkelmehl (Type 630) | ½ Päckchen Weinsteinbackpulver | 1 gehäufter TL Zimtpulver | 1 reife Banane | 3 Eier | 4 EL Ahornsirup | 100 g Sonnenblumenöl | 50 g getrocknete Maulbeeren | 12 Papierbackförmchen | 12er-Muffinblech

Macht fit für den Tag 🌿

Für 12 Stück | 15 Min. Zubereitung |
30 Min. Backen
Pro Stück ca. 195 kcal, 6 g EW, 11 g F, 17 g KH

1 Den Backofen auf 180° vorheizen. Die Papierbackförmchen in die Vertiefungen des Muffinblechs setzen. Das Mandelmehl in einer Pfanne ohne Fett unter Wenden kurz anrösten, herausnehmen und mit Haferflocken, Mehl, Backpulver und Zimtpulver in einer Schüssel mischen.

2 Die Banane schälen und in kleine Stücke schneiden. Mit Eiern, Ahornsirup und Sonnenblumenöl kurz pürieren. Die Masse anschließend zur Mehlmischung gießen und mit den Quirlen des Handrührgerätes zügig unterrühren, sodass die Zutaten gerade eben verbunden sind. Die Maulbeeren dazugeben und unterheben.

3 Den Teig in die Papierbackförmchen füllen. Die Muffins im Backofen (Mitte) ca. 30 Min. backen. Die Muffins aus dem Backofen nehmen und in der Form ca. 5 Min. abkühlen lassen, anschließend vorsichtig aus der Form lösen und auf einem Kuchengitter auskühlen lassen.

4 In einer gut schließenden Dose bleiben sie ca. 3 Tage frisch, tiefgekühlt mindestens 3 Monate. Die Muffins bei Bedarf auftauen lassen und nach Belieben kurz auf dem Toaster erwärmen.

CHIAPUDDING MIT KOMPOTT

½ Vanilleschote | 2 EL Chiasamen | 125 ml unge-
süßter Mandeldrink | 1 TL Ahornsirup | 1 Apfel |
25 g getrocknete Cranberrys | 1 Msp. Zimtpul-
ver | 1 TL Mandelstifte

Herbst-Hit 🌿

Für 1 Person | 25 Min. Zubereitung |
4 Std. Kühlen
Pro Portion ca. 300 kcal, 6 g EW, 12 g F, 37 g KH

1 Vanilleschote längs aufschneiden und das Mark
herauskratzen. Mit Chiasamen, Mandeldrink und
Ahornsirup in ein Schraubglas (ca. 300 ml Inhalt)
geben und verrühren. Die Mischung ca. 15 Min.
quellen lassen, dann einmal durchrühren. Das Glas
verschließen und mindestens 4 Std. kalt stellen.

2 Inzwischen für das Kompott den Apfel schälen
und vierteln, die Apfelviertel entkernen und in
kleine Würfel schneiden. Mit den Cranberrys und
1 – 2 EL Wasser in einen kleinen Topf geben. Alles
kurz aufkochen und zugedeckt bei kleiner Hitze
ca. 5 Min. köcheln lassen, dabei ab und zu umrühren und eventuell noch etwas Wasser dazugeben.
Das Kompott mit dem Zimtpulver abschmecken
und abgedeckt kalt stellen.

3 Die Mandelstifte in einer Pfanne ohne Fett gold-
braun rösten, dann herausnehmen und abkühlen
lassen. Das Kompott auf den Chiapudding geben
und mit den Mandeln bestreuen. Das Glas gut verschließen und den Chiapudding bis zum Verzehr in
den Kühlschrank stellen.

TIPP

Im Sommer schmeckt der Chiapudding auch
mit einem rohen Topping aus frischen Beeren,
Aprikosen- oder Pfirsichstückchen.

BEEREN-KOKOS-CHEESECAKE IM GLAS

Viele Ballaststoffe, gesunde Fette, Vitamin C und Antioxidantien – das alles verpackt in einem cremig-fruchtigen Kuchen. Da muss man einfach genüsslich löffeln.

Für die Creme:
25 g Cashewnüsse
100 g Erdbeeren (frisch oder tiefgekühlt)
50 g Heidelbeeren
50 g Kokosmus (Bioladen)
1 EL Agavendicksaft
1 EL Zitronensaft
Für den Boden:
30 g Datteln ohne Stein (z. B. Medjool-Datteln)
2 EL Kokosraspel
1 ½ EL geschälte Hanfsamen

Roher Genuss

Für 2 Stück |
20 Min. Zubereitung |
24 Std. Einweichen |
2 Std. Kühlen
Pro Stück ca. 430 kcal,
5 g EW, 33 g F, 27 g KH

1 Für die Creme die Cashewnüsse in einer kleinen Schüssel mit Wasser bedecken und 12 – 24 Std. einweichen.

2 Für den Boden die Datteln grob hacken. Mit Kokosraspeln und Hanfsamen in einen Blitzhacker geben und zu einer klebrigen Masse verarbeiten. Jeweils die Hälfte der Masse in ein Schraubglas mit weiter Öffnung (à ca. 250 ml Inhalt) geben und mit einem Löffel zu einem Boden andrücken.

3 Für die Creme die Cashewnüsse abgießen und abtropfen lassen. Die Beeren waschen. Die Erdbeeren putzen und halbieren. Die Heidelbeeren verlesen und trocken tupfen. Cashewnüsse mit Erdbeeren, Kokosmus, Agavendicksaft und Zitronensaft in einen Mixer geben und fein pürieren. Die Creme gleichmäßig auf den Dattelboden füllen. Die Heidelbeeren auf der Creme verteilen.

4 Die Gläser verschließen und die Cheesecakes mindestens 2 Std. kalt stellen. Im Kühlschrank hält sich der Cheesecake ca. 3 Tage. Der Kuchen lässt sich auch im Glas einfrieren und bleibt ca. 3 Monate frisch. Tiefgekühlten Kuchen vor dem Servieren bei Zimmertemperatur auftauen lassen.

TIPP Probieren Sie die Creme auch mal mit frischer oder tiefgekühlter Mango statt mit Erdbeeren. Sie schmeckt köstlich und liefert eine satte Portion zellschützende Karotinoide.

DAS SUPERFOOD-ABC

Einen Teil der Kraftpakete bekommen Sie in jedem Supermarkt. Eine größere Auswahl haben Bioläden, Reformhäuser oder auf Superfoods spezialisierte Online-Shops.

ACAI-BEEREN
Siehe Innenklappe vorne.

ALGEN
Siehe Innenklappe vorne.

BAOBAB
Die Früchte des Affenbrotbaums stärken mit unglaublich viel Vitamin C und Antioxidantien die Abwehrkräfte und straffen das Bindegewebe. Sie enthalten außerdem viele Ballaststoffe und regulieren den Cholesterinspiegel. Baobab gibt es als Pulver, das in Wasser gerührt ein erfrischendes Getränk ergibt, Smoothies und Desserts verfeinert oder zum Abschmecken verwendet werden kann.

BEEREN
Auch wenn Blau-, Brom-, Him-, Erd-, Preiselbeeren oder Cranberrys nicht mit Gojibeeren oder Physalis mithalten können, gehören sie mit dem hohen Gehalt an Vitamin C und Antioxidantien auch zu den Superfoods. Je dunkler und herber, desto gesünder sind sie. Sie schmecken in Müsli, Smoothies und Desserts, auf Kuchen oder in Salaten.

CHIASAMEN
Siehe Innenklappe vorne.

GOJIBEEREN
Siehe Innenklappe vorne.

GRANATAPFEL
Seine Kerne machen mit der extrahohen antioxidativen Wirkung freie Radikale (aggressive Sauerstoffverbindungen) unschädlich. Sie wirken antientzündlich und versorgen uns mit Vitamin C. Sie schmecken als Snack, in Müsli, Smoothies, Desserts, Salaten und Gemüsegerichten. Ungesüßter, unverdünnter Saft ist ebenfalls sehr wertvoll.

GRÜNES BLATTGEMÜSE
Gemüse und Salat wie Grünkohl, Spinat, Mangold, Rosenkohl, Pak Choi, Rucola, Feldsalat, Brunnenkresse und Kräuter liefern kaum Kalorien, aber viel entgiftendes Chlorophyll, Vitamine, Mineralien und Ballaststoffe. Je dunkler die Blätter sind, desto höher ist der Nährstoffgehalt. Am effektivsten sind die grünen Blätter roh im grünen Smoothie und als Salate, aber auch schonend gedünstet als Gemüsebeilage, in Aufläufen oder Suppen.

HANFSAMEN
Siehe Innenklappe vorne.

KAKAO
Roher Kakao ist mit seinem hohen Gehalt an Antioxidantien und Mineralstoffen, vor allem Magnesium, ein effektives Superfood. Er wirkt stimmungsaufhellend und anregend. Als Pulver eignet er sich für Smoothies, Müsli, Süßspeisen und Gebäck. Kakaonibs schmecken als Snack.

LUCUMA

Die süße Frucht aus Südamerika ist bei uns als Pulver erhältlich und ein perfektes alternatives Süßungsmittel, das den Blutzuckerspiegel nicht erhöht. Lucuma enthält Ballaststoffe und Beta-Karotin. Es schmeckt in Smoothies und Desserts.

MACA

Siehe Innenklappe vorne.

MAULBEEREN

Die getrockneten süßen Beeren werden wegen des hohen Gehalts an Resveratrol als Anti-Aging-Food gehandelt. Es bekämpft als Antioxidans die Hautalterung durch freie Radikale, schützt das Herz und reguliert Blutfettwerte. Lecker als Snack, in Müsli, Smoothies, Gebäck oder Salaten.

MORINGA

Die Blätter des indischen Moringabaums schützen mit rund 46 Antioxidantien unsere Zellen, wirken gegen Entzündungen, stärken und vitalisieren den Körper und machen gute Laune. Getrocknet sind sie toll für Tees, das leicht scharfe Pulver belebt Dressings, Dips und Smoothies.

PHYSALIS

Sie sind reich an Karotin und Bioflavonoiden. Sie können Entzündungen verhindern und zusammen mit ihren Vitaminen das Immunsystem pushen. Mit ihrem süßsauren Geschmack sind sie frisch oder getrocknet ein toller Snack, aber auch lecker in Müsli, Salaten, Desserts oder Smoothies.

QUINOA

Siehe Innenklappe vorne.

REGISTER

Damit Sie die Rezepte mit be-stimmten Zutaten noch schnel-ler finden, sind in diesem Regis-ter auch beliebte Zutaten wie **Chiasamen** oder **Datteln** alpha-betisch eingeordnet und hervor-gehoben. Darunter finden Sie das Rezept Ihrer Wahl. Vegetari-sche Rezepte, die im Buch mit einem 🍃 gekennzeichnet sind, sind hier grün abgesetzt.

Projektleitung: Marline Ernzer
Lektorat: Maryna Zimdars
Korrektorat: Petra Bachmann
**Innen- und Umschlaggestal-
tung:** independent Medien-
Design, Horst Moser, München
Illustrationen:
Natascha Hendricks
Herstellung: Mendy Jost
Satz: Kösel, Krugzell
Reproduktion: medienprinzen
GmbH, München
Druck und Bindung:
Schreckhase, Spangenberg
Syndication:
www.jalag-syndication.de
Printed in Germany

1. Auflage 2016
ISBN 978-3-8338-5167-4

 www.facebook.com/gu.verlag

Ein Unternehmen der
GANSKE VERLAGSGRUPPE

Die Autorin

Inga Pfannebecker ist Diplom-
Oecotrophologin und war als
Food-Redakteurin bei namhaften
Zeitschriften tätig. Seit 2012 lebt
sie als freie Journalistin und
Buchautorin in Amsterdam. Ihre
Spezialität sind alltagstaugliche
Rezepte, in denen sich guter
Geschmack und gesunde Ernäh-
rung perfekt ergänzen.

Die Fotografin

Anke Schütz fotografiert für
namhafte Redaktionen und
Buchverlage in den Bereichen
Food und Lifestyle. Zusammen
mit **Diane Dittmer** (Foodstyling)
und **Meike Graf** (Requisite) setzt
sie Kulinarisches mit viel Liebe
zum Detail in Szene.

Bildnachweis

Titelfoto und alle anderen Fotos:
Anke Schütz, Buxtehude;
Autorenfoto: Maud Fontein,
Amsterdam

Titelrezept

Kichererbsen-Quinoa-Burger
(S. 18)

Umwelthinweis:

Dieses Buch ist auf PEFC-zertifi-
ziertem Papier aus nachhaltiger
Waldwirtschaft gedruckt.

QUALITÄTS
G|U
GARANTIE

Liebe Leserin, lieber Leser,

haben wir Ihre Erwartungen erfüllt?
Sind Sie mit diesem Buch zufrieden? Haben Sie weitere Fragen zu
diesem Thema? Wir freuen uns auf
Ihre Rückmeldung, auf Lob, Kritik
und Anregungen, damit wir für Sie
immer besser werden können.

GRÄFE UND UNZER Verlag
Leserservice
Postfach 86 03 13
81630 München
E-Mail:
leserservice@graefe-und-unzer.de

Telefon: 00800 / 72 37 33 33*
Telefax: 00800 / 50 12 05 44*
Mo–Do: 9.00 – 17.00 Uhr
Fr: 9.00 – 16.00 Uhr
(* gebührenfrei in D, A, CH)

Ihr GRÄFE UND UNZER Verlag
Der erste Ratgeberverlag – seit 1722.

Backofenhinweis:

Die Backzeiten können je nach Herd
variieren. Die Temperaturangaben
in unseren Rezepten beziehen sich
auf das Backen im Elektroherd mit
Ober- und Unterhitze und können
bei Gasherden oder Backen mit Um-
luft abweichen. Details entnehmen
Sie bitte Ihrer Gebrauchsanweisung.

Appetit auf mehr?

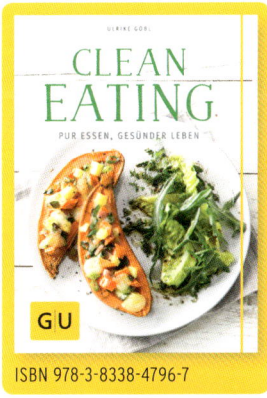

ISBN 978-3-8338-4796-7

ISBN 978-3-8338-4471-3

ISBN 978-3-8338-4431-7

ISBN 978-3-7742-4470-6

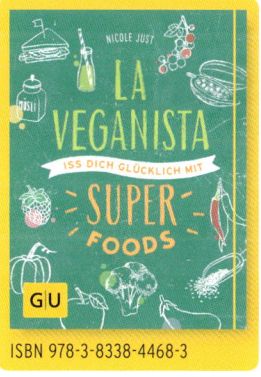

ISBN 978-3-8338-4468-3

 Alle hier vorgestellten Bücher sind auch als eBook erhältlich.

Mehr von GU auf **www.gu.de** und
facebook.com/gu.verlag

Willkommen im Leben.

SCHNELLE SUPERSNACKS

Sie sind gerade mal in 15 Minuten auf Vorrat gemacht und perfekt zum Mitnehmen.
Diese Leckerbissen sind ideal für echte SOS-Momente im Laufe eines Tages.

POPCORN-TRAIL-MIX

Für 10 Portionen (à 30 – 40 g):
75 g Popcornmais in einen weiten Topf geben und zugedeckt erhitzen, bis alle Körner aufgepoppt sind. Dabei öfters am Topf rütteln. Inzwischen jeweils 25 g Sonnenblumen- und Kürbiskerne und 75 g Pekannusskerne in einer Pfanne ohne Fett anrösten, bis sie duften. Popcorn und Kerne mischen und auskühlen lassen. Inzwischen 50 g Zartbitterschokolade (mind. 70 % Kakao) klein hacken und mit 75 g getrockneten Cranberrys unter die kalte Mischung rühren. In einer gut schließenden Dose hält sich der Trail-Mix 3 Monate. Zum Mitnehmen den Popcorn-Trail-Mix in eine kleine Dose oder Tüte füllen.

SUPERFOOD-TRÜFFEL

Für 20 Stück: 50 g Haferflocken und 75 g Cashewnüsse getrennt im Blitzhacker fein mahlen. 150 g getrocknete Soft-Feigen hacken. Alles mit 4 EL Zitronensaft, 2 EL Tahin (Sesampaste), 2 TL Açaipulver (ersatzweise Maca- oder Lucumapulver), dem Mark von 1 Vanilleschote und 1 – 2 EL Wasser im Mixer zu einer Paste verarbeiten. Mit leicht angefeuchteten Händen daraus ca. 20 walnussgroße Kugeln rollen. Davon jeweils 10 Kugeln in 2 EL Kokosraspel und 2 TL rohem Kakaopulver wälzen. Gut verpackt halten sie sich im Kühlschrank ca. 1 Woche. Die Kugeln zum Mitnehmen in einen kleinen Behälter geben oder in Alufolie wickeln und kühl lagern.

KNABBER-MANDELN

Für 4 Portionen (à ca. 25 g):
3 Zweige Rosmarin waschen und trocken schütteln, die Nadeln abzupfen und fein hacken. Rosmarin mit ½ TL Chiliflocken (Pul biber) und ½ TL Salz mischen. 1 TL Olivenöl in einer beschichteten Pfanne erhitzen. 100 g geschälte Mandeln darin bei mittlerer Hitze unter Wenden ca. 5 Min. rösten. Danach die Würzmischung dazugeben und untermischen. Die Mandeln auf einen Teller geben und auskühlen lassen. In einer gut schließenden Blechdose halten sich die Knabber-Mandeln ca. 4 Wochen. Zum Mitnehmen einfach die gewünschte Menge in einem kleinen Gefrierbeutel oder einer kleinen Dose verpacken.